Martin Pietralla

Das praktische Clickertraining Hunde

Weltbild

Inhaltsverzeichnis

ClickerTraining ...

... bedeutet »Lernen mit dem Hund«. Ob Erziehung oder Ausbildung, Lernen als Lebensaufgabe umfasst beides, ist »Kommunikationslernen« auf beiden Seiten. Mensch und Hund lernen, eine Partnerschaft aufzubauen.

Viktor, der einstmals Unberührbare, verdankt seine Freiheit dem Clicker und meiner Neugier.

Der Clicker gewinnt Bedeutung

Klick-klack, na und? Interessiert doch keinen Hund! Ich werde es Ihnen beweisen. Sie lesen gerade in diesem Buch, und Ihr Basco liegt in der Nähe herum. Beobachten Sie ihn genau aus dem Augenwinkel. Nehmen Sie einen Clicker, und knacken Sie einmal – klick-klack. Was macht Basco? Reagiert er? Dreht er den Kopf? Erschrickt er? Clicken Sie nochmals. Bei einem schreckhaften Hund nehmen Sie dazu den Clicker in die Hosentasche oder verstecken die Hand unter der Achsel. Was tut Basco jetzt? Die Reaktion wird deutlich schwächer sein. Spätestens nach dem fünften Mal dreht kein Hund mehr eine Ohrenspitze. Klick-klack, das typische Geräusch des Knackfrosches, ist zu den Akten gelegt. Es ist ein nutzloses Hintergrundgeräusch. Ihr Hund hat sich daran gewöhnt.

Geben Sie ein Versprechen ...

Jetzt – es ist kurz vor einer Fütterungszeit – wiederholen Sie dieses Experiment mit dem Clicker, der Ihrem Dago überhaupt nichts bedeutet. Clicken Sie, und schieben Sie dem verblüfften Hund ein Stück leckeres Futter ins Maul. Wiederholen Sie das viermal. Dann clicken Sie wie zuvor

Die allererste Clickerübung. Ihr Hund soll die Futterhand nicht anstarren, ...

beim Lesen des Buches. Wetten, daß Dago sich nach Ihnen umdreht? Jawohl, Click kündigt Futter an, und zwar von Supernaschqualität! Ihr Versprechen lautet Click und bedeutet: Futter kommt gleich!

... und halten Sie es

Und jetzt beginnen Sie ein Spiel, das Ihre volle Konzentration erfordert. Sobald Dago auch nur den Bruchteil einer Sekunde den Blick vom Futter andeutungsweise abwendet,

... sondern wegschauen.

Dafür gibt es Click & Belohnung = C&B.

clicken Sie und geben sofort ein Leckerle. Sie können ihm dabei helfen, indem Sie die Clickerhand Aufmerksamkeit heischend auf die andere Seite halten. Blinzelt er dahin, Click und Belohnung! Wiederholen Sie das und warten anschließend, bis er den Kopf ein wenig, dann halb, später ganz in die entgegengesetzte Richtung wendet! Bei jedem Schritt C&B. Das wird ihr Wahlspruch:
»C&B = Click und Belohnung!«

Dazu gibt es einen zweiten: **»Nichts ist umsonst!«** Tust du, was ich möchte, tue ich, was du möchtest. Futter gibt es nicht dafür, dass du danach drängst, sondern dafür, dass du in die andere Richtung schaust. Und Sie erhöhen die Zeit, die er wegschauen muss, bis auf fünf Sekunden! Er wird es tun. Den direkten Weg zum Futter hatten Sie ihm verstellt, aber zugleich mit dem Click einen Weg gekennzeichnet, es doch zu bekommen.

Die Vorteile des Clickers

Senta weiß, dass sie gemeint ist

Sobald Sie clicken weiß Senta: Es gibt etwas Gutes. Sogar wenn später andere in Ihrer Nähe clicken, weiß Senta, dass das nicht ihr gilt. Das lernt sie sehr schnell. Als Verständigungsmittel ist der Clicker unschlagbar: punktgenau und unverwechselbar!

Exaktes Timing

Wenn Sie gezielt Verhalten formen wollen, muss die Bestärkung zeitlich sehr genau folgen – nämlich innerhalb einer Sekunde! Mit dem Daumen am Clicker ist optimales Timing möglich.

Eine Brücke in Raum und Zeit

Nach dem Click wartet Senta schweifwedelnd auf ihre Belohnung, die der Bestärkung richtig Nachdruck gibt. Sie haben die Zeit überbrückt, die Sie zum Herausrücken des Futters benötigen. Und Sie haben es nicht zum falschen Zeitpunkt offeriert! Senta kann entfernt sein. Sie hat gute Ohren. Sie können sofort bestärken. Senta holt sich das Futter, oder Sie werfen es ihr zu.

Mit dem Clicker haben Sie die Möglichkeit, Ihren Hund aus der Entfernung ...

Ein unverwechselbares Geräusch

Kaum ein Geräusch des Alltags klingt so wie ein Clicker. Sogar auf dem Jahrmarkt hört Senta ihn heraus. Egal wo Sie sind, Sie können Sentas momentanes Verhalten bestärken.

... und zum extakt richtigen Zeitpunkt zu bestärken:

Zum Beispiel während der Flugphase über einer Hürde.

Von Helfern einsetzbar

Auch das ein unschätzbarer Vorteil des Clickers: Ein Partner kann clicken. Sie geben dann das Futter. Ihr Partner steht einige Schritte entfernt, während Sie in ungezwungener Haltung mit Ihrem Hund z. B. »Platz aus der Bewegung« üben. Sie gehen weiter und sollen den Kopf nicht zurückwenden. Ihr Partner clickt, wenn Senta sich legt. Sie hören es, drehen sich um und geben ihr das Futter.

Shaping – Verändern des Verhaltens

Ansatzverhalten: Der Welpe zeigt Interesse für die Schubkarre.

Jetzt nimmt er eine Pfote hoch – C&B!

Formen Sie Ihren Hund

Shaping ist wie Töpfern mit Ton. Der Tonklumpen wird auf die Scheibe gelegt, wird rund geformt, erhält eine passende Höhe, wird hohl werden. Dann folgen die »Kleinigkeiten«, die den Klumpen zu einem schönen Gefäß werden lassen, wie Ausbauchungen, Wandstärke, Linienführung in die Höhe, oberer Abschluss. Wer zuviel auf einmal will, dem fliegt der Ton um die Ohren. Mit fließenden Übergängen formt ein Töpfer eines nach dem anderen in der richtigen Reihenfolge zu einem Kunstwerk. Er wird nicht auf die Töpferscheibe verzichten wollen. Manches ginge auch mit Bandkeramik. Aber das wäre die Steinzeitlösung. Beim Formen eines erwünschten Hundeverhaltens aus einem kleinen Ansatz heraus möchte ich aus dem gleichen Grund den Clicker nicht mehr missen.

Lernziel

Das Vorgehen ist einfach und relativ schematisch. Ein vorhandenes Verhalten – das so genannte Ansatzverhalten – soll verändert werden.

Einzelschritte

1 Sie bestärken das Ansatzverhalten einige Male mit C&B. Es muss sicher auftreten.

2 Bonny führt es wieder aus, und Sie tun nichts! Kein C, kein B, nichts. Bonny wird es nicht glauben wollen. Sie wird es erneut versuchen. Wieder nichts.

3 Noch ein Versuch folgt, aber ein wenig verändert.

Nun steht er schon mit beiden Pfoten drin – noch einmal C&B!

Geschafft: Er sitzt in der Schubkarre, ohne dass ich ein Wort gesagt oder ihn angefasst habe.

Die Änderung gefiel Ihnen? C&B! Und jetzt wird diese Ausführung einige Male bestärkt. Bonny muss nämlich weitermachen wollen, wenn Sie für die nächste Veränderung das C&B aussetzen werden.

4 Sie fordern die nächste Änderung, indem Sie für die bisherige Form nichts mehr geben.

Gespräch ohne Worte

Bonny handelt, und Sie kommentieren mit C&B oder Abwarten. Die Kunst besteht in Ihrer Geduld und den kleinen Schritten. Kein Hund ahnt, was Sie sich als Ziel vorstellen. Und da die Ziele zudem meistens recht unhundlich sind, verfällt er auch nicht sofort auf die Lösung. Genau deswegen gehen Sie Schritt für Schritt vor und erwarten nicht schon am Anfang das halbe Ende. Und Sie bleiben stets bei einem Detail, bis es sich verbessert hat. Wenn Sie auf den Kopf achten, interessiert Sie nicht, was Bonny mit der Pfote tut. Wer zu viel auf einmal will, versaut alles. Shaping ist eine Gratwanderung zwischen Löschung, die unweigerlich einsetzt, sobald die Bestärkung aussetzt, und Veränderung des Verhaltens. Es kann immer wieder vorkommen, dass der Hund bei zu langer Durststrecke das Verhalten verliert, ja die Aktivität überhaupt einstellt. Sie müssen die Schritte klein genug wählen. Zur Not gehen Sie in den Ansprüchen zurück. Sie können an jedem schon erreichten Punkt wieder starten.

Falsch – probier weiter!

Das »Heiß-Kalt-Spiel«

Wenn Max beim Shaping vom Wege abkommt, sagen Sie enttäuscht »nein«? Soll denn Ihr Hund nichts mehr probieren? Soll er aufstecken? Falsch, er soll weitermachen! Die Chancen bleiben aussichtsreich. Sie wollen ihn ja auf dem richtigen Weg bestärken. Mit dem Clicker kennzeichnen Sie, was richtig ist, legen die Fährte der bestärkten Aktivitäten. Es ist das »Heiß-Spiel«. Aber Sie wissen, dass Sie mit einem »Kalt« dazu viel schneller ans Ziel kommen. Woher nehmen Sie das »Kalt«?

Helfen Sie Ihrem Hund

Sie sagen einfach in einem neutralen, ruhigen Ton falsch, wenn der Hund Pfote gibt, während Sie »down« üben möchten. Sorgen Sie dafür, dass Max in den nächsten 10 bis 30 Sekunden keinerlei Belohnung erhält und sich nicht selbst belohnen kann, auch nicht durch Herumschnüffeln. Nach kurzer Pause ermuntern Sie ihn wieder zu Aktivität. »Nein« bedeutet: »Hör auf« und ist meistens mit einem drohenden Unterton verbunden. »Falsch« bedeutet: »Das ist es nicht, probier es anders, lass dir etwas einfallen.« Sie sollten es so sachlich wie möglich sagen.

George und Woody sollen jeder einen Ball vom Hütchen holen.

Einzelschritte

Sie können »Falsch« ganz systematisch verknüpfen. Geeignet sind Apportierspiele:

1. Der Hund nimmt einen Gegenstand auf, der vor ihm liegt. Sie bestärken regelmäßig.
2. Dann tauschen Sie den Gegenstand gegen einen anderen aus. Wieder bestärken Sie jedes Mal.
3. Danach sind beide Gegenstände gleichzeitig zugegen. Sie bestärken Max für den Gegenstand seiner ersten Wahl, aber nur für diesen.

George macht es richtig – C&B! »Falsch« für Woody und …

… Woody korrigiert sich – sonst bekommt er ja nichts.

4 Ohne Vorwarnung gibt es dann für diesen Gegenstand nichts mehr, nur das Signal »Falsch!«. Max wird mehrfach versuchen, mit diesem Gegenstand erneut Erfolg zu haben. Nimmt er irgendwann den anderen auf, sofort C&B. Bei diesem bleiben Sie für 5–10 Bestärkungen, dann »Falsch«: Nichts mehr hierfür, dafür wieder für den ersten Gegenstand. In kürzester Zeit hat Max begriffen und lässt bei »Falsch« den Gegenstand fallen, um sich dem anderen zuzuwenden. Er lernt zu unterscheiden zwischen vielleicht belohnt und garantiert nicht belohnt.

Fehlerarmes Lernen

Mit der Kennzeichnung erfolglosen Verhaltens haben Sie die Chance, mit Ihrem Sisco ein neues Verhalten mit geringster Fehlerquote aufzubauen. Schon wenn Sie den Ansatz einer Fehlhandlung erkennen, sagen Sie »Falsch«. Sisco kann sogleich sich selbst korrigieren und wird für die bessere Ausführung bestärkt. Dieses fehlerarme Lernen ist sehr effizient. Je fehlerärmer ein Verhalten erworben wurde, desto sicherer wird es später ausgeführt. Und genau das wollen Sie am Ende ja erreichen.

Ein Hauptgewinn für Ihren Hund

Der Jackpot nach langer Trefferflaute ist ein enormer Anreiz. Aber er muss bekannt sein. Der Jackpot ist uns unmittelbar verständlich. Ob er den gleichen Wert im Verhaltenstraining von Tieren hat, ist weniger klar. Worin besteht er denn? Aus viel und gut!

Hauptgewinne sind selten

Ein Jackpot wird von vielen Menschen sehr gern gegeben. Sie möchten ja, dass Lux Fortschritte macht. Er ist Ausdruck Ihrer Freude. Lux lernt deswegen nicht schneller. Ein gelegentlicher Jackpot, eine unerwartet intensive Belohnung, ist verständlicherweise ein sehr wirksamer Bestärker. Wird das so bestärkte Verhalten nun besonders eifrig ausgeführt? Kaum. Lux kann es nicht unterscheiden. In der Lernphase ist er sich des Verhaltens keineswegs bewusst. Er testet sich durch.

»Halte durch!«

Hat Lux eine längere Durststrecke ohne Bestärkung durchstehen müssen, erhält der Jackpot eine wichtige Funktion. Er bestärkt das Durchhaltevermögen, die Dauer der unbelohnten, aber konzentrierten Bemühungen um eine richtige Aktion. Danach können Sie gut aufhören. Wenn Lux in seinen aktiven Bemühungen keinen großen Erfolg hatte, dann wenigstens in seinem Enthusiasmus für das Lösen einer Lernaufgabe. Meist ist diese Situation ein Anzeichen, dass Sie den Lernschritt zu groß gewählt haben. Bestärken Sie die Ausdauer. Lux wird Ihnen zeigen, ob er weitermachen möchte oder eine Pause braucht. Richten Sie sich danach.

Jackpot bedeutet »viel und gut«. Also auch mal ein Würstchen statt einer Hand voll Trockenfutter.

Auch das kann ein Jackpot sein: Ein wildes Zerrspiel ...

... mit einer Runde Karussell fahren.

Beim Fortfahren geben Sie sich zunächst mit einer blasseren Ausführung oder einer Vorstufe zufrieden.
Der Jackpot darf auch gelegentlich ganz früh im gut ausgeführten Teil einer Verhaltenskette Lux beglücken, um Überhasten zu vermeiden.

Überraschungsgewinn – nur ein einziges Mal!

Wenn Sie einem fast inaktiven Hund gegenüberstehen, warten Sie nicht lang. Geben Sie ihm völlig unmotiviert nach irgendeiner Bewegung einen Click mit Jackpot. Sie können fast sicher sein, dass er versuchen wird, den Grund dafür herauszufinden. Aber lassen Sie sich kein zweites Mal darauf ein. Sonst haben Sie schnell einen Hund, der Sie ausdauernd hypnotisiert. Es heißt dann: »Mein Hund interessiert sich überhaupt nicht für den Clicker, er steht nur da und schaut mich an.« Perfekt!

Das Ende ist der Anfang

Eine Verhaltenskette – die immer gleichmäßige Abfolge bestimmter Verhaltensweisen (auf ein Signal hin) – üben Sie von hinten nach vorn. Eyka kann den letzten Schritt? Sie wurde dafür auch kräftig belohnt? Sie hat ihn schon oft richtig ausgeführt? Dann ist es Zeit, den vorletzten zu lernen. Sind Sie am Ziel, darf Eyka nach der richtigen Ausführung des vorletzten Schrittes den letzten ausführen und wird kräftig von Ihnen belohnt. So arbeiten Sie sich nach vorn durch.

Beim Rückwärtsverketten sollten Sie die zusammengesetzte Handlung so weit wie möglich in kleinste Schritte zerlegen, die Sie alle einzeln üben. Durch die richtige Ausführung eines Schrittes kommt Eyka in die Situation, die sie schon kennt, die sie schon gemeistert und nach der sie Belohnung erhalten hat. Sie kann eine Bestärkung erwarten. So wird für Eyka die Motivation hoch gehalten, auch den nächsten Schritt noch auszuführen. Aber hüten Sie sich, schließlich immer nur das Ende zu bestärken. Belohnen Sie sporadisch jeden erfolgreichen Schritt zwischendurch. Dadurch vermeiden Sie späteres Überhasten.

Lea soll einen Korb tragen, bringen und ausgeben.

Den letzten Schritt hat sie zuerst gelernt.

Regeln für die Signalverknüpfung

Das Verknüpfen von Signalen ist klassische Pawlowsche Konditionierung. Wunschtraum ist: Ein Signal löst eine gewünschte Aktion genauso sicher aus wie Pawlows Glöckchen das Speicheln der Hunde. Dazu sollte der Hundehalter die Regeln für die Signalverknüpfung genau einhalten. Sie sind sehr einfach:

1 Das Signal geht dem Verhalten unmittelbar voraus.
2 Das Signal erscheint nicht oder nur selten, wenn das Verhalten nicht folgt.
3 Signale während oder am Ende des Verhaltens werden kaum oder gar nicht verknüpft.

Sie können die Konditionierung beschleunigen und festigen, wenn Sie ...

4 Richtiges Verhalten nach dem Signal bestärken.
5 Richtiges Verhalten ohne Signal ignorieren.
6 Anderes Verhalten nach dem Signal mit »Falsch« kennzeichnen und Selbstbestärkung verhindern.

Regeln haben gute Gründe

- Punkt 2 ist der Grund, warum Sie beim Shaping so lange auf Ihr Signal verzichten und warum Sie bis zur variablen Bestärkung gehen sollen. Sie müssen darauf wetten können, dass in der Übungssituation das Verhalten im nächsten Moment folgen wird!
- Bei ständigen Fehlalarmen kümmert sich niemand mehr darum. Wenn Judy sitzt, brauchen Sie ihr wegen Punkt 3 nicht mehr »Sitz« zu sagen.
- Punkt 4 ist wesentlich. Der Vorhersage soll künftig die Aktion folgen. Deswegen muss das Ende Angenehmes verheißen, und Judy muss es erfahren. Sagen können Sie es ihr nicht.
- Falls Sie Punkt 5 nicht einhalten, kann sich Judy bei Ihnen bedienen wie an einem Cola-Automaten. Ihre Anwesenheit garantiert den Betrieb des Automaten. Wenn Judy Durst hat, wird sie sich bedienen. Diesen Punkt einzuhalten fällt schwer und ist doch absolut nötig für eine saubere Verknüpfung.
- Bei Punkt 6 sehen Sie den Alltag. Judy steht nach einem Signal stets vor einem Wahlverhalten, das

Moritz soll die Signale »Rechts« und »Links« lernen.

ihr durch andere, Ihnen gar nicht zugängliche Reize, wie einen interessanten Geruch, nahegelegt wird. Deswegen müssen Sie so sorgfältig kontrolliert die zunehmenden Ablenkungen aufbauen. Judy soll das richtige Wahlverhalten möglichst fehlerarm lernen. Sie lernt, die Priorität der verschiedenen Signale zu beachten. »Falsch« kennzeichnet nicht bestärktes Verhalten und intensiviert damit die Signalverknüpfung des bestärkten. Sie wird immer seltener auf das Signal gar nicht oder falsch reagieren.

Bevor Wolfgang die Hörzeichen dafür einführen kann ...

... muss Moritz das gewünschte Verhalten sicher beherrschen.

So läuft Signalverknüpfung richtig ab

Die ersten zwei Punkte der Regel erfüllen Sie leicht. Aus einem Ansatz formen Sie das Verhalten beim Shaping in die gewünschte Richtung, bis es zuverlässig ist. Dabei gibt es keine spezifischen Signale außer den Judy mittlerweile vertrauten Aufforderungen zu Aktivität. Ist Judy sicher im Verhalten, generalisieren Sie auf andere Umgebungen. Dann erst fügen Sie das ausgewählte Signal davor, weil Sie wissen, dass der Hund in der Übungssituation das belohnte Verhalten sicher ausführen wird. Sie können es vorhersagen und übergeben diese Aufgabe an das Signal. Und dieses Signal hat keine aversiven Tönungen eines »Strafkommandos«, weil das Lernen ja ausgesprochen lustbetont war.
Da Sie mit dem Clicker den unmissverständlich richtigen Moment anzeigen, können Sie auch leicht die Punkte 4 und 5 erfüllen. Das ist Unterscheidungslernen für den Hund. Und damit erfüllen Sie den Kernsatz der Lerntheorie: »Ein Signal kündigt die Folgen eines Verhaltens an.« Wenn kein Signal präsent ist, werden die Folgen nicht eintreten. Das Verhalten wird unter diesen Umständen selten.

Womit bestärken – Futter oder was?

Qualität vor Quantität

Natürlich macht die Menge einiges aus, aber die Qualität ist deutlich wichtiger. Hühnerbrust, Käse oder Stinkefisch spornen Jaques zu deutlich höherer Aktivität an als Trockenfutter, das durstig macht.

Winzige Stückchen

Futter als Bestärker sollte aus kleinen Stücken bestehen. Wenn Sie meinen, sie sind klein genug, dann vierteln Sie sie nochmals. Die Futtermenge müssen Sie von der Gesamtversorgung abziehen und dabei auf Ausgewogenheit achten. Das Fressen bringt Freude, aber anschließend soll Jaques sich um den Verdienst des nächsten Stückchens kümmern. Er soll es also schnell schlucken können und nicht lang darauf herumkauen müssen, denn er darf in Ruhe fressen, bevor es weitergeht.

Ein leerer Bauch studiert nicht gern

Der Hund muss vor dem Üben nicht hungern. Wenn Sie die Bedürfnisse und Motivationen Ihres Hundes kennen, brauchen Sie nicht mit Entzug zu arbeiten. Es genügt, wenn Sheila erkennbar Appetit oder Spiellaune hat. Auch Ihr Spiel kann die unterschiedlichste Qualität haben.

Überlegen Sie, was außer Futter ein guter Verstärker für Ihren Hund sein könnte. Vielleicht nach einem »Sitz« das Begrüßen eines anderen Hundes ...

Ihr Hund belohnt sich selbst

Beobachten Sie vor allem Ihren Hund. Dann wissen Sie, was seine Favoriten sind. Spiel und Sozialkontakt mit anderen Hunden kann enorm bestärken. Leider wird es kaum so eingesetzt. Schnüffeln am Boden ist selbstbestärkendes Verhalten. Sie müssen es unterbinden. Hier brauchen Sie ausnahmsweise die Leine. Sie verhindern mit ihr lediglich, dass Jaques mit der Nase am Boden entlang fährt. Wenn Sie es durch ein einfaches »Naahh« stoppen können, wäre das ideal.

Bestärker variieren

Welchen Bestärker Sie wann verwenden, hängt stark von der Motivation des Hundes ab. Als hilfreich erweist sich die Regel, dass Genauigkeit mit Futter bestärkt wird und Schnelligkeit mit Spiel. Übungen zur Selbstdisziplin wie Abliegen unter Ablenkung sollten für ein ausgewogenes Befinden durch ein intensives Spiel bestärkt werden. Beobachten Sie Sheila, und Sie wissen, womit Sie bestärken können.
Der kurioseste Fall, den ich bislang beim ClickerTraining erlebt habe, war Grischa, dessen Lebensglück darin bestand, Welpen ablecken zu dürfen.

... oder auch der Sprung in Ihre Arme.

Die Praxis des ClickerTrainings

Besonders wenn Sie mit einem Welpen üben ...

... ist der Grundsatz der kleinen Schritte ganz wichtig.

Im Pilgerschritt

... geht das Shaping voran. Es gibt immer wieder Rückschritte. Kim kennt den Weg nicht. Sie wird von Zeit zu Zeit eine Abkürzung zum Futter versuchen. Es gibt keinen Grund, darüber ungehalten zu werden. »Falsch, versuch's weiter«, ist die richtige Reaktion darauf.

Der Flaschengeist operante Konditionierung gibt Ihnen beim Shaping nur einen Wunsch frei. Sie müssen sich stets auf ein Detail konzentrieren, das Sie verbessern wollen. Denken Sie ans Töpfern! Wenn Sie »Pfote höher« verbessert haben, dann können Sie »Pfote länger hochhalten« in Angriff nehmen. Dabei wird »Pfote hoch« wieder schlechter. Sie müssen es akzeptieren! Im nächsten Schritt ist »Pfote höher« wieder Thema, und die Dauer wird schlechter werden. In diesem Wechselschritt erreichen Sie das Ziel.

Wie oft und wie trainieren?

- Üben Sie neues Verhalten lieber sechsmal fünf Minuten als einmal 30 Minuten.
- Der entscheidende Übergang vom Kurzzeit- in das Langzeitgedächtnis kann nur durch Wiederholungen erfolgen.

Auch die Übungsdauer sollte nie länger als fünf Minuten sein.

Spätestens dann gibt es eine Pause mit einem kleinen Spiel.

Deswegen sollten Sie über den Tag verteilt üben.

- In der Phase des Festigens achten Sie vor allem auf kontrollierte Ablenkungen. Zwei bis drei Gelegenheiten beim Spazierengehen sollten genutzt werden.
- In der Phase des Könnens müssen Umstände und Zeitintervalle unvorhersehbar sein. Nur so erzielen Sie Geläufigkeit, die selbstverständliche Signalbefolgung.

Nicht immer – aber immer öfter ...

... sollten Sie richtiges Verhalten nicht bestärken. Das ist schwerer, als Sie denken. Aber es muss sein.

- Beim Shaping wechseln Sie auf variable Bestärkung.
- Beim Signalverknüpfen ignorieren Sie freiwilliges Ausführen des geübten Verhaltens.
- Beim Können wird nur die gute Ausführung des signalisierten Verhaltens in sehr schwierigen Situationen extra bestärkt.

Wie Sie es richtig machen, kann ich Ihnen nicht sagen. Sie kennen Ihren Hund, seine Bedürfnisse, seine Schwächen und Stärken. Es ist Ihr Hundeverstand, der hier das richtige Tempo wählt.

Hör auf deinen Namen – Blickkontakt

Lernziel

»Hör auf deinen Namen« ist die erste Übung für alle Hunde. Sagen Sie Sonja, und Sonja schaut zu Ihnen, haben Sie Ihr Ziel erreicht. Wenn der Hund Blickkontakt aufgenommen hat, können alle weiteren Signale folgen. Vorher ist das Ergebnis ungewiss.

Einzelschritte

1 Blickkontakt ist sehr einfach herzustellen. Sie sagen »Sonja«. Sobald Sonja auch nur den Kopf bewegt, C&B. Bis zum Herschauen ist es ein kurzer Weg.

2 Wenn Sie steigern wollen, verlängern Sie den Blickkontakt. Das wird kein Starren, sondern ein leicht gehaltener Blick. Mit ihm können Sie später Sonja zu kurzer Passivität veranlassen, so wie es Hunde untereinander tun. Sie sollten auf einen freiwilligen Blickkontakt Ihres Hundes immer reagieren. Ein winziges Kopfnicken oder ein »OK« bestärkt ihn schon dafür. Er darf in seiner Aktivität im Einklang mit Ihnen fortfahren. Andernfalls wäre jetzt der Moment, den Hund zu rufen oder ein »Steh« oder »Warten« einzuflechten.

Keno hat gelernt, Maren anzuschauen, wenn Sie seinen Namen sagt.

Das kann in Situationen, in denen er sich Unsicher fühlt, sehr hilfreich sein.

»Keno« – er schaut her und beachtet den Passanten nicht. Dafür gibt es C&B!

Blickkontakt

Ohne sicheren Blickkontakt brauchten Sie kein ernsthaftes sportliches Training zu beginnen.
Bei der Bewegung in Feld und Flur ist er essentiell.
Mit dem Blickkontakt wird die Jagd koordiniert.
Wenn Sie koordinieren wollen, müssen Sie Blickkontakt fordern und fördern.

Komm!

Lernziel

Für das Kommen gibt es viele Variationen. Hier geht es darum, daß Chico auf Signal zu Ihnen gelaufen kommt, und zwar schnell und sofort.

Einzelschritte

1 Diese Übung entwickeln Sie aus dem Rufen des Namens. Chico nimmt Blickkontakt auf, Sie locken durch eine Armbewegung und Rückwärtsgehen. Sobald Chico auch nur einen Schritt in Ihre Richtung setzt, gibt es C&B. Denken Sie daran: Beim Kommen erwarten die meisten Hundehalter immer das fertige Verhalten und eröffnen so tausend ablenkenden Reizen das Feld.

2 Dann erhöhen Sie das Tempo. Je schneller er zunächst reagiert und schließlich vollends kommt, desto toller das Spiel, desto schmackhafter das Futter nach dem Click.

3 Kommt Chico aus kurzer Entfernung zuverlässig, verknüpfen Sie zusätzlich einen Pfiff. Er hebt sich angenehm vom täglichen Wortschwall ab und ist so eindeutig, dass Chico auf Pfiff unter Ablenkung deutlich besser reagieren wird als auf Ihre emotionsgefärbten Worte.

Besonders Welpen lernen das Kommen schnell und leicht.

Aber auch für Welpen gilt:
C&B für jede erfolgreiche Übung!

»Komm« auf Entfernung

Mit einer Pfeife können Sie Chico auch aus 200 m zuverlässig herbeirufen. Dazu legen Sie ihn ab und entfernen sich zunehmend. Abliegen mit »Bleib« (S. 40) sollte er schon sicher beherrschen, wenn Sie diesen Schritt üben. Übertreiben Sie nicht. Jedesmal, wenn Chico aufsteht, um selbständig zu kommen – und das wird er tun –, macht er einen Fehler, den Sie nicht bestärken dürfen. Wortlos bringen Sie ihn zum Ausgangsort zurück. Sein Kommen auf Signal begrüßen Sie stets enthusiastisch.

Wichtige Regeln für »Komm«

Beim Kommen wird jeder Schritt bestärkt, und das nicht zu knapp. Sie zeigen kein Futter, Sie haben keines in der Hand, Sie haben auch kein Spielzeug. Aber für jeden Fortschritt zaubern Sie nach dem Click etwas Großartiges hervor. Nur eines tun Sie nie: auf Chico zugehen. Für jeden Schritt, den Sie hingehen möchten, gehen Sie zwei Schritte von ihm weg. Er verringert die Entfernung, nicht Sie!

Lernziel

Zuerst eine Frage: Was wollen Sie unter »Sitz« verstehen?

- Lux soll sich sofort setzen, wann und wo immer er das Signal dazu wahrnimmt.
- Lux soll sich neben (vor) Sie setzen, sobald er das Signal wahrnimmt.

Diese Frage darf Sie nicht wundern. Sie üben ja aus rein praktischen Gründen das »Sitz« immer in Ihrer Nähe, in einer ruhigen Umgebung. Lux verknüpft sie mit seiner Handlung. Nehmen Sie meinen Hund Viktor als Beispiel. Im engen Tierheim hatten wir das »Sitz« geübt. Als es dann nach draußen ging, kam Viktor auf das Signal »Sitz« aus jeder Entfernung zu mir, um sich vor mich zu setzen.

Einzelschritte

1 Jeder Hund kann sich setzen. Sie warten einfach, bis er es tut. Sie können auch Ihre Hand mit einem Leckerle von vorn nach hinten über den Hundekopf führen. Er hat das Futter schon gerochen und verfolgt es aufmerksam. Folgendes kann jetzt geschehen:

- Lux setzt sich und verfolgt das nach hinten verschwindende Leckerle. C&B.
- Lux hüpft hoch, um das Stückchen zu erhalten.
- Lux läuft rückwärts und verfolgt so das Stückchen weiter.
- Lux dreht sich um und tut das gleiche.

Die ersten Versuche üben Sie direkt mit dem Futter. Nach dem Click werfen Sie das Futter zur Seite. Lux soll aufstehen. Nur dann kann er sich wieder setzen. In den letzten drei Fällen führen Sie die Hand etwas anders als zuvor. Wenn nichts weiter geschieht, setzt er sich irgendwann. C&B. Nun verzichten Sie auf das Futter in der Hand.

2 Sie sollten diese Bewegung mit zunehmender Häufigkeit des Setzens immer unauffälliger, immer geringfügiger werden lassen, vorausgesetzt, Sie möchten sie nicht in abgewandelter Form als Signal »Sitz« beibehalten.

3 Ich selbst habe mir ein Aktivitätssignal angewöhnt, eine leichte Kopfbewegung, manchmal von einem hellen »Hmm« begleitet. Wird der Hund nun aktiv, sagt ihm der Clicker, welches Verhalten aus seinem Repertoire

Jeder Hund kann sitzen. Claudia zeigt Idefix das Leckerle nur, voller Erwartung setzt er sich ...

... und bekommt dafür C&B!

gefragt ist. Zeigt er das richtige Ansatzverhalten, im Falle des »Sitz« vielleicht schon ein richtiges Setzen, dann antworten Sie mit C&B. Benutzen Sie keinesfalls das Signalwort, das Sie später verwenden möchten.

4 Hat sich Lux zehn- bis fünfzehnmal gesetzt, pausieren Sie in einem Übergang zu anderer Aktivität, vor allem zu der, die Lux gerade wichtig ist.

5 Nach gebührender Zeit, sie hängt ganz von Luxens Motivation ab, wiederholen Sie diese Übung. Setzt Lux sich zuverlässig hin, sobald er der Übungssituation gewahr wird, ist es an der Zeit, die nächste Lernstufe einzuläuten.

6 Wenn Lux etwa fünfzigmal für das Setzen mit C&B bestärkt wurde, beginnen Sie, gelegentlich die Bestärkung wegzulassen, Lux mit dem Aktivitätssignal aber zum Durchhalten zu veranlassen.

7 Spätestens an diesem Punkt müssen Sie überlegen, was Sie unter »Sitz« verstehen wollen!

»Sitz« auf Entfernung

1 Wollen Sie ein Sitzen, wo immer sich der Hund gerade befindet, müssen Sie ihn dafür bestärken. Dazu müssen Sie ihn hindern, zu Ihnen zu kommen. Sie können ihn mit einer langen Leine festbinden, sich ein Stück entfernen und die Sitz-Übung ausführen. Der Vorteil ist, dass Sie Lux das Futter nach dem Click zuwerfen können.

2 Für das Sitz in der Entfernung eignen sich beim Festigen Ablenkungen, die beim Hund die Motivation, zu uns zu kommen, mindern. Nach dem Click auf Distanz darf er die Ablenkung aufsuchen.

Unter Ablenkung üben

Auf jeden Fall sollen Sie bei leichten Ablenkungen trainieren. Sie können das nicht immer lehrbuchmäßig aufbauen. Manchmal müssen Sie ein Signal relativ früh einführen und die Verallgemeinerung wie hier später erarbeiten.
Lux soll natürlich auch das Sitz unter starken Ablenkungen, z. B. wenn ein fremder Hund in die Nähe kommt, sicher können. Als Bestärkung wählen Sie den Kontakt zum anderen Hund. Teufel mit Beelzebub austreiben ist in diesem Fall am wirksamsten.

Beginnen Sie diese Übung mit einem »befreundeten« Hund. Zerrt Lux, gibt es keinen Kontakt, kein Ableinen. Sie kündigen das mit »Falsch« an. Setzt er sich, C&B: zum anderen Hund laufen. Weil Lux später nicht immer zum anderen Hund darf, wird das für ihn eine zufällige Bestärkung, sich zu setzen. Gelegentlich darf er ja hin! Mein Hund Viktor hat sich später bei seiner Namensnennung fast von selbst gesetzt, wenn ein anderer Hund auf ihn zukam, spätestens bei »Sitz«. Das Warten, bis ich bei ihm war, wurde durch den anschließenden Hundekontakt, den ich durch Absprache meistens ermöglichen konnte, bestärkt. Viktor ist darin ein fast perfekter Hund geworden.
Da Sitz auf Entfernung eine sehr unhundliche Aktion ist, werden Sie vielleicht feststellen, dass der Hund es lange nicht recht begreift. Fangen Sie mit 2–3 m Entfernung an und bestärken Sie schon die erste Bewegung zu einem Sitz, nicht erst das fertige Sitzen. Aber nach dem Click ist der Hund frei zu tun, was er möchte. Wenn Sie dann die Zeit verlängern, gehen Sie immer näher auf den Hund zu, bevor Sie clicken, am Ende erst, wenn Sie bei ihm sind.

Sitz auf Entfernung in höchster Vollendung.

Ali lässt sich auch durch Fabian mit Isére nicht aus der Ruhe bringen. C&Jackpot!

Brave Hunde kommen in den Himmel, böse überallhin!

Was hat ein Hund davon, wenn er nicht an der Leine zerrt? Zerrt er, erreicht er, was interessant ist. Zerrt er nicht, muss er sich mit einem langweiligen »Braver-Hund-Gelatsche« begnügen. Hunde lernen, an der Leine zu zerren, denn die Anstrengung lohnt sich. Einem ordentlich an der Leine laufenden Hund müssen Sie einen Gegenwert bieten. Sie haben einen Konflikt zu lösen. Die Strategie dafür ist bekannt. Beide müssen halbe Gewinner sein.

Die Umstände nutzen

Bäro zieht nicht, zeigt aber an, welche Orte ihn interessieren. Sie gehen an manchen vorüber, erkennen aber, wo es wichtig für Bäro ist. Futter liegt außerhalb der Motivation, wenn Gerüche reizen. Was Bäro am stärksten ablenkt, ist im Moment auch seine größte Belohnung. Nutzen Sie das. Sie verlängern die Leine, so dass er hinkann, oder leinen ihn ab, je nach Situation. So hat Bäro seine gelegentliche Bestärkung für die Verhaltenskette – locker an der Leine gehen und Wunschorte ohne zu zerren anzeigen –, und Sie werden bestärkt, ruhig mit Bäro zu laufen, der sich von Zeit zu Zeit seinen Bedürfnissen widmen darf. Bäro wird das später auch auf das Laufen ohne Leine verallgemeinern. Lassen Sie Bäro Zeit zum Schnüffeln. Aber nachdem Sie »weiter« gesagt haben, gehen Sie zügig los. Folgt er nicht nach, hindern Sie ihn lediglich daran, weiter zu schnüffeln.

Zeig mir, wohin du willst

Ihr Hund soll lernen, anders als durch Zerren seine Interessenspunkte mitzuteilen. Er kann z. B. ein paar Schritte in die gewünschte Richtung gehen und stehen bleiben. Er kann sich zusätzlich zu Ihnen umschauen. Er könnte sich auch hinsetzen. Bäro findet selbst heraus, worauf Sie als Chef am besten reagieren. Dann können Sie ihn mit seiner Lieblingsbeschäftigung belohnen. Wollen Sie vorbeigehen, kennzeichnen Sie mit »mh-mh«. Er darf an den nächsten Ort, an diesen nicht. Sie lassen ihn keinesfalls hin! Das begreift Bäro schnell. Somit haben Sie eine variable Bestärkung, genau das, was wirkt.

Viktor geht an gespannter Leine. Ich sage »Reicht«, Viktor wartet, verringert das Tempo und ...

... dreht sich nach mir um, um sich an mir zu orientieren. C&B – am besten flott zum nächsten Schnüffelplatz!

Was tun Sie, wenn Bäro zerrt?

Die Antwort ist: nichts. Sie bleiben stehen, und zwar nicht zu kurz. Ignorieren Sie ihn, solange er zerrt. Besitzer großer, starker Hunde müssen besonders konsequent kämpfen. Mit einem Geschirr sind Sie bei diesem Training besser beraten als mit einem Halsband.

Eine Warnung: »Reicht«

Da Sie vorhersagbar stehen bleiben werden, wenn er zerrt, können Sie ein Signal dafür einführen. Sagen Sie »Reicht«, wenn die Leine im nächsten Moment straff werden wird, und schauen Sie, was geschieht. Zerrt Bäro an der Leine, bleiben Sie stehen. Pause!

Schaut Bäro sich um oder verharrt, zerrt also zufällig nicht, gehen Sie einfach weiter. Die Leine verkürzen Sie dabei wieder. Das Spiel beginnt erneut. Sie ärgern sich nicht, regen sich nicht auf, schimpfen nicht. Sie sagen in leicht warnendem Ton »Reicht«, und das genügt. Es erhält die aversive Bedeutung »Zug am Hals heißt Pause«. Das lernt Bäro zu vermeiden. Die meisten Hunde schaffen das innerhalb von 10 bis 20 Minuten. Sie brauchen dabei keinen Clicker, sondern perfekte Konsequenz. Dann ist das eine einfache

Jetzt können wir uns gemeinsam dem nächsten interessanten Punkt zuwenden ...

... natürlich mit lockerer Leine.

Übung. Aber die Warnung »Reicht« mit den entsprechenden Konsequenzen muss immer erfolgen. Bald wird sie nicht mehr nötig sein.

»Reicht« als Limit

Bei meinem Hund Viktor ging ich weiter. Nachdem er gesittet an der Leine lief, habe ich das Signal »Reicht« benutzt, wenn er an langer Leine vorauslief, später, wenn er frei war. So hat er das Signal verallgemeinert. Auch wenn er schon 50 m voraus war, sah er auf ein »Reicht« diese Entfernung als Maximum an. Wollte ich ihn näher bei mir haben, rief ich ihn herbei, ließ ihn wieder vorauslaufen und gab das Signal für das Limit. Es ist einfacher, mit einer längeren Leine, z. B. einer Schlepp- oder Aufrollleine zu beginnen, und die Entfernung allmählich einzuschränken. Kennzeichnen Sie mit einer Markierung den letzten Meter der Leine. Dann wissen Sie, wann sie »Reicht« sagen müssen. Gegen Ende eines Spaziergangs ist es viel leichter, die Entfernung einzuschränken als zu Beginn. Aber wenn Ihr Hund schnüffelt, lassen Sie ihm Zeit dazu. Ziehen Sie ihn nicht einfach weiter. Ist ein Ende abzusehen, sagen Sie »weiter« und gehen betont los. Startet er, gibt es C&B.

Fuß!

Lernziel

Rockys enges Gehen an Ihrer linken Seite wird als »Fuß« bezeichnet. Sie brauchen zum Lernen dabei keine Leine.

Einzelschritte

1 Nach dreimal C&B fürs Anschauen gehen Sie einfach los. Er wird Ihnen folgen. Sobald Sie einige Schritte entfernt sind, spätestens wenn Sie sich mit heruntergebeugtem Kopf nach ihm umdrehen, setzt er sich in Bewegung. C&B!

2 Sie gehen zügig weiter. Er kommt fast bis zu Ihnen? C&B!

3 Und erst jetzt warten Sie, bis er an Ihrer linke Seite ist. Nach drei Schritten dort C&B. Die Kunst besteht wirklich darin, Rocky klarzumachen, wo der Ort des angenehmen Gehens ist. Läuft Rocky rechts, drehen Sie um. Jetzt ist er links. Nach drei Schritten C&B.

4 Erst dann verlängern Sie die Zeit, die er dort laufen soll. Dieser Teil fällt schon unter variable Bestärkung.

5 Während Sie gehen, schauen Sie nicht nach Rocky. Sie sollen von vornherein die normale Haltung bewahren. Sie sollten gelegentlich in leichten Laufschritt verfallen. Dieses Tempo fällt Rocky leichter.

Eine Ergänzung des bei Fuß gehens ist das Kommando »Rum«.

6 Und dann üben Sie Achten laufen. Während Sie ein konstantes Tempo gehen, muss sich Rocky anpassen. Am Wendepunkt gerät er in die Außenkurve, muss beschleunigen, beim nächsten Kreuzen abbremsen, denn er hat wieder die Innenkurve.
Bei kleinen Hunden können Sie gut einen Targetstick (S. 50) zur Positionierung des Hundekopfes verwenden.

7 Jetzt können Sie das Signal einführen. Die Übung müssen Sie bald von der langweiligen Übungswiese auf den Weg und später bis in die Fußgängerzone

Mirko geht auf das Signal hin hinter Lydia auf die andere Seite.

Ein solches Verhalten beruhigt ängstliche Entgegenkommende.

verlegen. Abgesehen vom Startsignal, sollte Ihre Gehhaltung immer anzeigen, dass diese Art weiter beibehalten werden soll. Sie sollten Rocky bewust und deutlich freigeben. Ich sage »Ok, schnüffeln«, andere sagen »Frei«.

8 Ist Rocky fit im engen Gehen aller Wendungen, dann können Sie eine Leine an seinem Halsband befestigen. Diese Situation ist neu für ihn. Er wird etwas schlechter laufen. Mit C&B haben Sie das sehr schnell auf der alten Qualitätsstufe.

Tipps

- **Geben Sie Ihren Hund nach dem »Fuß« bewusst und deutlich frei. Ich sage »Okay, schnüffeln«, andere sagen »Frei« – das bleibt Ihnen überlassen.**
- **Jede Straße sollten Sie mit »Fuß« überqueren. So wird sie ein optisches Signal dafür. Ihr Hund wird sich zukünftig an jeder Straße an Ihnen orientieren.**

Lernziel

Das Hinlegen und anschließende Liegenbleiben in aufmerksamer Haltung auf ein Signal hin gehört zu den wichtigsten Fertigkeiten eines Hundes. Es kann lebensrettend sein. Überlegen Sie sich vorher, was Sie genau unter dem Lernziel »Platz« verstehen wollen: »Leg dich und bleibe liegen, egal was ich gerade mache, und zwar so lange, bis ich etwas anderes signalisiere.«

Sie haben eine Reihe von Details zu formen!

- Legen und neben Ihnen liegen bleiben.
- Liegen in Ihrer Nähe, während Sie sich am Ort bewegen.
- Liegen in Ihrer Nähe, während Sie herumgehen, ein Stück weggehen und wiederkommen.
- Bleiben, egal ob Sie kommen oder gehen, bei kurzer Entfernung.
- Bleiben, wenn Sie sich in der Nähe schnell bewegen.
- Bleiben, wenn Sie weiter weg, sogar außer Sicht gehen. (Das C&B muss nicht immer erfolgen, wenn Sie bei Lisa sind. Sie können sie anfangs jederzeit erlösen.)
- Bleiben unter extremer Ablenkung, z. B. wenn ein Ball vorbeirollt, wenn ein anderer Hund einem vorbeifliegenden Ball nachhetzt etc.

Sie können die Anforderungen steigern:

- Legen, wenn Lisa weit entfernt von Ihnen ist.
- »Platz« auf Gras, auf Schnee, bei Nässe, in der Sonne ... Unter unangenehmen Umständen gibt es beim Üben eine Schlechtwetterzulage – den Jackpot!

Der erste Schritt

Das Ansatzverhalten erreichen Sie wieder durch Locken mit einem Futterstückchen. Sie nehmen es in die Hand, führen diese vor der Nase des Hundes auf den Boden. Er wird der Hand folgen, aber diese bleibt geschlossen. Wie stets, können verschiedene Variationen auftreten:

- Lisa legt sich hin, sehnsüchtig an der Futterhand schnüffelnd.
- Lisa setzt sich und beugt sich vorn hinunter zur Hand.
- Lisa stößt mit der Schnauze vehement in die Hand.
- Lisa versucht mit der Pfote die Futterhand aufzukratzen.
- Lisa geht einige Schritte zurück und beobachtet Ihr Verhalten.

Um herauszufinden, was ich in meiner Hand habe, muss sich der neugierige Junghund hinlegen.

C&B – so einfach und schnell kann eine Platz-Übung beginnen.

Der erste Fall ist der einfachste: C&B während des Legens. Sie können dieses Verhalten sogleich weiter festigen.
Im zweiten Fall sehen Sie ein brauchbares Ansatzverhalten. C&B. Aber Sie sollten die Anforderungen schnell erhöhen.
Im dritten und vierten Fall müssen Sie konsequent bleiben. Für diese Bemühungen gibt es nichts. Ein »Falsch« als Information genügt. Sie entfernen sich einige Schritte vom Hund und locken Lisa erneut. Da Sie sich entfernen, veranlassen Sie den Hund zur Aktivität. Er muss etwas anderes tun als das, was in diesem Fall seinen angeborenen Handlungsmustern entspricht. Auf genau einen solchen Ansatz warten Sie.
Vorsicht im Fall fünf: Gegenseitige Hypnose – wer gewinnt? Brechen Sie die Übung ab und starten nach ein, zwei Minuten erneut. Lassen Sie Lisa aber inzwischen etwas ihr Angenehmes tun. Nach kurzer Zeit wird Lisa liegen, und wenn sie sich aus Verzweiflung hingelegt hätte, weil ihr nichts mehr einfiele. C&B. Sie kommen auf jeden Fall an dieses Zwischenziel.
Die reduzierte Handbewegung des Lockens behalten Sie ruhig ein Weilchen bei, auch hinhocken dürfen Sie sich noch. Andere Hunde als Ihre Lisa werden sich vielleicht schon auf ein ermunterndes Kopfnicken legen.

So geht es weiter

2 Anschließend müssen Sie beginnen, sich mehr und mehr aufzurichten, bis Sie schließlich stehen und Lisa sich auf die Handbewegung hin legt.
3 Dann lassen Sie die Handbewegung immer beiläufiger werden. Nach jeder Bestärkung sollten Sie Ihren Standort um einige Schritte verändern. Lisa wird sich erheben und Ihnen zumeist folgen, um sich bei Ihnen wieder hinzulegen. Es geht ja um das Legen, nicht um das Liegen. Welches Signal wollen Sie für das Hinlegen später benutzen? Sie sollten es keinesfalls jetzt verwenden. Zeigen Sie Lisa lieber, dass eine Übungssituation vorliegt, auch wenn Sie in einer anderen Umgebung sind. Üben Sie viel unter wechselnden Umständen und unter steigender Ablenkung.
4 Das Signal zum Legen haben Sie aus Ihren anfänglichen Bewegungen allmählich zu einem sauberen Sichtzeichen werden lassen.

Mit einem Trick ins erste »Platz« gelockt: Der Hund folgt dem Futter in der Hand unter dem Bein hindurch.

In die Bewegung des Hinlegens erfolgt der Click und die Hand mit der Belohnung öffnet sich.

5 Bleiben Sie zunächst beim Sichtzeichen. Verlängern Sie dann die Zeit des Liegenbleibens. Es gibt dafür kein Kommando. Wozu auch. Entweder beendet der Clicker das Verhalten, oder Sie geben Lisa durch ein Wort frei. Steht Lisa selbständig auf, gibt es in dieser Lernphase nichts außer »Falsch« und eine Pause am gleichen Ort. Erst wenn Lisa wirklich zehn Minuten neben Ihnen abliegt, dürfen Sie anfangen, die Entfernung zu erhöhen. Wenn Sie die Ablenkung steigern, können Sie Lisa schon die Intention zum Aufstehen durch ein »Naahh« verleiden.

Abliegen – Bleib!

Ali zeigt mit Bravour das »Bleib«.

Selbst wenn Ronja über hin hinweg springt ...

Lernziel

Damit Sie sicheres Kommen üben können, brauchen Sie das Abliegen in größeren Entfernungen. Es ist für den Hund selten angenehm. Deswegen sollte es schon gar nicht in der gespannten Art des »Platz« erfolgen. Wenn jemand »Platz und Bleib« sagt, meint er entspanntes längeres Abliegen. Wozu also das »Platz«? Das »Bleib« reicht völlig!

Einzelschritte

1 Wegen dieser Kombination – entferntes Liegen ist eine »Strafe«, Kommen dagegen eine Belohnung – üben Sie unbedingt zuerst langes entspanntes Liegen in Ihrer unmittelbaren Nähe.

2 Nutzen Sie Leas natürliche Motivationen, bei Hitze im Schatten zu liegen oder nach großer Aktivität ruhen zu

... bleibt er ruhig liegen.

C&B für beide!

wollen. Je weiter weg Lea liegt, desto eher sollten Sie es beenden. Denken Sie daran, dass auch Ihr Weggehen Zeit kostet, die Lea bereits liegt und Sie gehen sieht. Gehen Sie auch einmal an ihr vorbei und lassen Sie ein Leckerle ohne (!) Click zwischen die Pfoten fallen. Der Click gibt sie frei, sie soll aber noch ein wenig bleiben.

Achtung!

Wenn Sie Lea verlassen, wird ihr mit jedem Ihrer Schritte ungemütlicher. Vereinsamung ist eine Strafe! Das Kommen wird damit selbstbelohnend. Schon dadurch wird es so sicher.

Apportieren – Bring!

Lernziel

Apportieren ist eine längere Handlungskette bei Prüfungen. Tasso sitzt neben Ihnen. Sie werfen das Bringholz über eine Schrägwand. »Bring«, Tasso soll über die Wand zum Holz spurten, es stilvoll in der Mitte aufnehmen, über die Schrägwand zurückkommen, sich vorsetzen wie beim »Hier«, ruhig sitzen, ohne zu knautschen, und auf Signal den Fang öffnen, das Bringholz loslassen.

Das ist ziemlich viel. Das Vorausschicken über die Schrägwand ist eine ganz eigene Übung, die Tasso schon können muss, bevor er dabei das Bringholz trägt. Schauen Sie, wie die restliche Übung rückwärts aussieht. Tasso muss im Sitzen hergeben können. Das ist Ihre erste Aufgabe. Sie sehen, dass Sie nicht streng regelgerecht aufbauen können, denn vor dem Hergeben muss Tasso erst einmal das Bringholz aufnehmen.

Einzelschritte

1a Sie halten Tasso das Holz vor den Fang. Nimmt er es, schnuppert er auch nur daran, C&B. Bei einem solchen Hund kommen Sie schnell weiter. Wenn Sie das Click

Lea soll das Apportierholz nehmen.

nach dem Schnuppern ein wenig verzögern, wird er bald sicher aufnehmen.

1b Viele Hunde ertragen aber diese Situation nicht. Sie sind mit einem ranghöheren Kumpan, mit Ihnen, konfrontiert. Das natürliche Verhalten heißt: Hergeben! Deswegen nehmen unsichere Hunde das Holz gar nicht erst aus Ihrer Hand. Sie sind durch die Konfrontation gestresst. Nichts geht mehr.

Aber zum Glück haben Hunde ein schönes Spielverhalten, gemeinsam nebeneinander laufend an einem Beuteobjekt zu tragen und zu zerren. Laufen Sie los, ermuntern Sie Tasso mitzukommen und halten ihm das Holz seitlich hin, nachdem Sie einige Momente damit aufreizend selbst in Kopfhöhe wichtig getan haben. So

C&B, wenn sie es sicher im Fang hält.

Rotraut animiert Lea zum Tragen, indem sie neben ihr her läuft und das Holz am anderen Ende selbst noch festhält.

steigern Sie seine Motivation. Auf diese Art trauen sich die meisten Hunde doch an das Holz.

1c Falls nicht, legen Sie das Holz auf den Boden, entfernen sich und bestärken jegliches Interesse dafür – jegliches! Und wenn Tasso es an einem Ende vorsichtig anpackt, C&Jackpot! Er wird es sofort fallen lassen. Das macht gar nichts, denn damit haben Sie den Ansatz für das Shaping erreicht.

2 Tasso soll halten, ohne zu knautschen. Achten Sie gleich zu Beginn auf das ruhige Halten. Sie wissen: mit einer (!) Sekunde anfangen, dann steigern.

3 Der nächste Schritt: Hergeben, wenn Tasso vor Ihnen sitzt. Lassen Sie ihn vorsitzen, und geben Sie ihm das Holz in den Fang. Eine Sekunde Halten, C&B. Das Holz können Sie gleich nehmen, denn Tasso wird den Fang öffnen, um das Futter zu schnappen. Seien Sie froh, wenn er das Holz nicht auf Ihre Füße wirft.

4a Darum ist das feste Halten des Holzes das nächste Thema. Sie können es provozieren, indem Sie das Holz etwas wegziehen. Ein Hund kontert oft die Aktivitäten eines anderen. Geht Tasso darauf ein und hält fester, erreichen Sie mit C&B sogleich ein längeres Halten. Sie haben die Hände am Holz und bestärken dabei Tasso für das Festhalten!

4b Ängstlichen Hunden drücken Sie vorsichtig das Holz ein wenig entgegen. Tasso will es nicht im Rachen haben und wird instinktiv zubeißen. Sofort C&B! Danach erst versuchen Sie ein wenig daran zu ziehen.

5 Das Ausgeben ist einfach. Nach dem Click will Tasso das Leckerle haben und lässt aus. Das nutzen Sie, indem Sie bald das Signal »Gib« oder »Aus« einführen. Tasso hält, Sie haben die Hände am Holz, sagen »Gib« oder »Aus«, es folgt ein Click und nach dem Ausgeben die Belohnung. Das Signal wird hier Ankündigung des Click. Dann testen Sie, lassen das Click nach dem Signal weg und schauen, ob Tasso los lässt. Tut er es, C&B, falls nicht, heißt es »Falsch«. Sie gehen desinteressiert zur Seite. Pause. Wahrscheinlich wird er Ihnen das Holz hinterhertragen. Lassen Sie sich aber nie auf eine Zerrerei am Holz ein.

6 Gibt Tasso gut aus, ist zwei für eins angesagt. Den Rest kennen Sie schon.

7 Das Aufnehmen des Holzes vom Boden bringen Sie ihm folgendermaßen bei:
Zur Erhöhung der Motivation beginnen Sie, wenn Tasso bei der Übung Ausgeben sichtbar begeistert mitmacht. Tasso liegt. Sie legen das Holz dicht vor ihn, entfernen sich einige Schritte und ermuntern ihn. Er wird kommen und da er gerade so viel Erfolg mit dem Bringholz hatte,

Lea hat gelernt, das Apportierholz selbst aufzunehmen ...

wird er es mitbringen. Falls nicht, was selten vorkommt, heißt es »Falsch«, zurück, neuer Versuch.
Sie clicken exakt in dem Moment, wenn er das Holz aufnimmt, denn das ist das Thema. Wirft er es nach dem Click zu Boden, macht das jetzt gar nichts. Beim Shaping Holz aufnehmen und herbringen bestärken Sie jeden Schritt, den er das Holz trägt. Da Sie zuvor auch das Vorsitzen mit Ausgeben geübt hatten, wird er, bei Ihnen

... und es zu bringen. Dafür gibt es C&B!

angelangt, das ausführen. Falls nicht, schieben Sie diese Übung einmal dazwischen.

8 Jetzt erhöhen Sie zwei Entfernungen. Zuerst gehen Sie weiter weg, danach legen Sie das Holz weiter weg vor Tasso. Er muss laufen, und es kann passieren, dass er es überläuft. Ein kurzes »Falsch« lässt ihn den Fehler erkennen. Hier ist die Bedeutung »mach weiter« ganz wichtig: Er wird in gleicher Geschwindigkeit zurücklaufen, das Holz schnappen und herbeikommen.

9 Jetzt wird es schwerer für Tasso. Er liegt, das Holz dicht vor ihm, aber Sie gehen hinter ihn! Er muss nach einer Ermunterung von Ihnen weg zum Holz laufen, es aufnehmen, sich umdrehen und es bringen. Schon wenn er aufsteht und sich in Richtung Holz bewegt, C&B! Dann, wenn er das Holz aufnimmt – Sie wissen schon. Als Steigerung erhöhen Sie die Entfernung des Holzes vor Tassos Nase.

10 Nun haben Sie alles zusammen, was Tasso können muss, und er hat die letzten Teile der Kette schon eifrig wiederholt. Deswegen ist der Schluss bereits geläufig. Und deswegen können Sie das Ganze jetzt auch auf ein Signal setzen: »Bring!« Tasso wird es gern ausführen.

Tipp

Das lange, ruhige Vorsitzen sollten Sie von Zeit zu Zeit mit einem Jackpot bestärken, um es gesichert zu halten.

Bellen – oder nicht?

Bellen

Bijou soll Rettungshund werden, aber sie bellt einfach nicht! Am Bellen soll es nicht scheitern.

Einzelschritte zum Bellen

1 Bijou gibt bei irgendeiner Gelegenheit irgendeinen Laut von sich, C&B! Tut sie das wirklich nicht, dann bellen oder singen Sie. Irgendwann gibt sie einen Laut von sich. Sie sollten den Clicker immer bereit halten, denn Sie müssen exakt diesen Moment einfangen. Haben Sie diesen ersten Ansatz erreicht, können Sie ein Bellen daraus formen.

2 Dann präzisieren Sie Ihr Ziel: Bijou soll so lange bellen, wie Sie anzeigen.

3 Tritt Bellen in einer Situation sicher genug auf, führen Sie unverzüglich ein Signal ein, z. B. den erhobenen Zeigefinger, und verallgemeinern auf andere Orte, Zeiten, Ablenkungen. In dieser Zeit wird kein anderes Verhalten bestärkt außer Bellen.

4 Dann dehnen Sie die Dauer aus. C&B gibt es nur noch, wenn Bijou bellt, solange der Finger oben ist. Hört sie eher auf, heißt es nur »Falsch«.

Still sein

Still sein ist Wunschverhalten eines mit einem Profibeller geschlagenen Hundehalters. Die Strategie ist daher folgende:

Einzelschritte zum Still sein

1 Erster Schritt ist Bellen auf Signal. Sie haben richtig gelesen. Da Oskar schon äußerst verlässlich bellt, können Sie sogleich mit der Verknüpfung beginnen. Tun Sie es wie oben beschrieben. Bestärken Sie Oskar fürs Bellen, solange Sie Ihr Signal aufrecht erhalten (weiter). Und sonst gibt es in dieser Zeit absolut nichts für anderes Verhalten und schon gar nicht für freiwilliges Bellen! Oskar hat nur eine einzige Chance, Leckerle oder Spiel zu bekommen: Bellen, wann und solange Sie es anzeigen.

2 Zweiter Schritt: Sie lassen ihn bellen und nehmen dann Ihr Signal zurück mit sofortigem C&B. So erwecken Sie eine Erwartungshaltung. Das Zurücknehmen des Signals kündigt das folgende C&B an! Das brauchen Sie nur wenig zu wiederholen. Und dann machen Sie das Zeitfenster weit auf. Sie signalisieren bellen, Oskar bellt, Sie nehmen das Signal zurück und warten. Ist Oskar zehn Sekunden später still, C&B.

Rettungshund Bijou hat gelernt, durch Bellen ein Opfer anzuzeigen.

C&B – Ende des Verhaltens, das Bellen verstummt, jetzt gibt es die Belohnung.

3 Und nun schieben Sie das Fenster langsam zu. Ist er innerhalb von acht Sekunden nach Signalende still, C&B. Bellt er länger, heißt es »Falsch«, und es gibt eine ganze Weile gar nichts. Sie ignorieren ihn völlig. Nach ausreichend langer Zeit, mindestens einer Minute, passen Sie eine merkliche Bellpause ab, um die Übung erneut zu beginnen. Das führen Sie durch, bis Oskar sofort schweigt, wenn Sie das Signal bellen beenden. So erreichen Sie das dreimalige Bellen mit anschließender kurzer Ruhe.

Still sein – so geht's auch

Wenn Sie es nicht fertig bringen, einen begnadeten Beller durch die Aufforderung zum Bellen zu kurieren, dann können Sie ein wenig anders vorgehen.

Einzelschritte

1 Erster Schritt: C&B, wann immer Oskar sein Bellen für eine (!) Sekunde einstellt. Nutzen Sie aus, dass er Luft holen muss. Und dann schieben Sie das Zeitfenster auf. Er muss für weitere Bestärkungen zwei, dann fünf, schließlich zehn Sekunden still bleiben. Dazu zählen Sie, während er still ist. Haben Sie Ihre Zielzahl erreicht, C&B. Jedes Wau ist ein Reset. Ihr Zähler geht auf Null zurück, alles beginnt von vorn.

2 Zweiter Schritt: Sie achten darauf, ob er in bellfreudigen Situationen versehentlich zwei Sekunden das Bellen noch unterlässt – sofort C&B. Er wird ganz schön verblüfft sein. Auch diese Zeit erhöhen Sie. Und nun nehmen Sie ihn in die Zange, von still sein nach einem Bellen und noch still bleiben in einer Bell-Situation.

3 Wenn Sie mit Ihrem Ergebnis zufrieden sind, üben Sie wieder andere Sachen. Bellen beachten Sie nicht mehr. Bellt Oskar während einer Übung mehr als ein, zwei

Ronja bellt auf Kommando.

Sobald sie das Signal wegnehmen, macht Ronja »die Klappe zu« …

… und ist still.

Wuffer, machen Sie eine etwas längere Pause. Das, was Sie gerade üben, bestärken Sie mit wirklich guten Sachen.

4 Sie können Oskar auch mit einer 3–4 m langen Leine anbinden und sich einige Schritte entfernen. Beginnt er zu bellen, gehen sie weiter weg. Stoppt er, kommen Sie näher. Das ist das einfache Prinzip dahinter. Er möchte ja, dass Sie wieder kommen. Aber durch Bellen soll er es nicht erzwingen können. Wenn Sie hier konsequent sind, ihn andererseits auch auf Signal bellen lassen, werden Sie bald kein Problem mehr haben.

Warum bellt Ihr Hund?

Versuchen sie zu erkennen, ob das Bellen Ihres Hundes anderweitig bestärkt wurde, meist aus dem Bereich des Sicherheitsempfindens. Geben Sie ihm die Chance zu erkennen, dass Sicherheit auch erreicht wird, wenn er nur kurz anschlägt und dann schweigt.

Targetting – Ziele aufsuchen und verfolgen

Der Targetstab

Das Aufsuchen oder Verfolgen eines Ziels ist eine Superübung, die man in vielen Variationen gebrauchen kann. Viele verbinden Clickertraining mit dem Targetstab, den der Hund mit dem Kopf berühren soll, dem er mit der Nase folgen soll, den er mit der Pfote antatzen soll. Andere Kennzeichnungen erfolgen mit einem Laserpointer, mit dem Sie das Objekt anleuchten, das Lucy bringen soll. Targetting ist in der Tat eine spannende Übungsaufgabe.

Ein Stab mit blauer Spitze ...

Der Anfang kann zäh sein. Sie nehmen einen Stab, am besten mit einer blauen Spitze. Lucy soll nun mit der Schnauze diese Spitze berühren. Sie stehen vor allerhand Problemen. Der Stab riecht nämlich nach Kunststoff, Klebstoff und anderen Dingen, die Lucy nicht die Bohne interessieren. Sie ist ein Nasentier, und dieser Stab riecht ganz einfach nicht anziehend. Sie selbst sind ein Augentier und bewundern die optisch klar gekennzeichnete Spitze. Sie könnten sie doch mit Leberwurst einreiben, dann wird sie interessant? Das stimmt, aber nur in der Nähe, wenn Lucy sie riechen kann. Ist der Stab fünf Meter entfernt, bedeutet er nichts mehr, wenn er keine optische Assoziation erweckt. Sie kommen nicht darum herum. Blau oder Weiß kann Lucy aber gut von allen anderen Farben und Grautönen unterscheiden.

»Was soll ich mit der Fliegenklatsche?« Spoono überlegt ...

... oder eine Fliegenklatsche

Ein gutes Target ist auch eine Fliegenklatsche. Sie ist leicht erkennbar. Sie legen Sie auf den Boden, auf die Klatsche ein Leckerle, und schon ist die erste Berührung geschafft. Die weiße Fläche ist für Lucy auch in größerer Entfernung

... und entscheidet sich, die Klatsche mit der Pfote zu berühren.

Am Anfang gibt es auch dafür C&B. Hauptsache, die Klatsche wird interessant!

noch gut zu sehen. Vorausschicken wird kein Problem sein. Wenn nötig, können Sie die Fläche dann allmählich mit der Schere immer mehr verkleinern.

Lernziel

Das Berühren des Stabendes mit der Nase ist das erste Trainingsziel. Sie haben es erreicht, wenn Lucy das Ende in allen folgenden Situationen berührt: wenn Sie den Stab auf den Boden legen, die Spitze hoch über sie halten, so dass Lucy springen muss, wenn Sie den Stab einem anderen geben und Lucy zu Aktivität auffordern, wenn Sie den Stab in den Boden stecken und Lucy noch drei Meter bis zu ihm laufen muss. Das damit verbundene Signal könnte »Touch« heißen.
Achten Sie auf Variationen, dann können Sie sicher sein, dass Lucy die Aufgabe verstanden hat.

Einzelschritte

1 Sie führen den Stab in der Nähe der Schnauze vorbei, Lucy wendet leicht den Kopf C&B!
Sie werden schon noch erkennen, wie mühselig das ist. Der Stab ist uninteressant. Also clicken Sie auch, wenn das Stabende zufällig an der Hundenase vorbeikommt.

2 Dann aber warten Sie, bis sich die Hundenase aktiv zum Stab bewegt.

Das alles kann Ihr Hund damit lernen

- Mit dem Stab können Sie dann Vorausschicken üben, die Signale rechts und links einführen.
- Sie können das Berühren vom Stabende auf andere Gegenstände übertragen. Alles, was Sie mit dem Ende berühren, soll Lucy mit der Nasenspitze oder Pfote berühren.
- Eine Kontaktzone im Agility Parcours kennzeichnen Sie damit. Lucy nimmt im Drüberlaufen die Nase herunter. Da muss sie natürlich mit den Pfoten draufstehen, sonst geht das nicht. Aber sie braucht dazu nicht abzubremsen, um nach dem Futter zu suchen.

Eine Einsatzmöglichkeit des Targetstabs. Wolfgang führt Moritz damit durch den Slalom.

- Ein Behindertenbegleithund lernt, einen Lichtschalter zu bedienen.
- Mit dem Stab können Sie die Kopfhaltung für eine Ausstellung einüben.
- Targets können auch Stellen kennzeichnen, wo Lucy verharren soll. Nur wenn sie beim Target stehenbleibt, wird

Er kann ihn dirigieren, ohne irgendwelche Kommandos und ohne seinen Hund anzufassen.

C&B für eine fehlerfreie Runde!

sie bestärkt werden. Nach dem Click weiß Lucy, das war's, was jetzt?

- Ein weiterer großer Bereich ist das Führen mit dem Stab. Lucy behält die Nase am Stab, während Sie ihn bewegen. Das Signal dafür könnte »Keep« heißen. Sie können es beim Agility-Slalom benutzen, beim Bewältigen von Hindernissen während des Trainings von Rettungshunden oder für die Freifolge von Hundezwergen beim Begleithundetraining.
- Ein weiteres mögliches Target ist die Hundedecke, auf die sich ein Hund legen und dort warten soll. Kombinieren Sie hierzu das Signal »Bleib« (S. 40).

Ein Kunststück – Schäm dich!

Ansatzverhalten: Ronja hebt die Pfote in Richtung Nase.

Lernziel

Der Hund reibt sich mit der Pfote über seine Schnauze. Dieses einfache und nette Kunststückchen ist schnell gelernt. Sie erkennen dabei, wie genau Sie reagieren müssen.

Einzelschritte

1. Das Ansatzverhalten erreichen Sie, indem Sie einen Klebepunkt auf Trixies Nase heften. Sie wird diese Irritation entfernen wollen und mit der Pfote danach tatzen. C&B. Alternativ können Sie auch den Targetstick einsetzen. Trixie haben Sie zuvor gelehrt, mit der Pfote danach zu tatzen. Sie nähern das Stabende Trixies Nase und erreichen schnell eine Pfotenbewegung in diese Richtung.
2. Sie können das Verharren in dieser Position bestärken.
3. Sie können die Verwendung beider Pfoten bestärken.
4. Sie können diese Bewegung auch aus dem Pfote geben entwickeln. Eine schöne Aufgabe für Shaping!

Ob das Signal später »Schäm dich« oder »Nase« lautet, ist dem Hund völlig egal!

Langsam arbeiten Sie das Schämen heraus.

Geschafft! Ronja »schämt« sich – C&B.

Noch ein Kunststück – Rolle

Auf das Kommando »Rolle« ...

... wirft sich Ronja auf die Seite ...

Lernziel

Der Hund rollt sich über den Rücken auf die andere Seite. Die Rolle ist nichts Schwieriges für Laika. An jedem Aas wird sie sie freiwillig versuchen. Das sollten Sie jedoch nicht als Ansatzverhalten akzeptieren.

Einzelschritte

1 Setzen oder hocken Sie sich zum liegenden Hund, und starten Sie mit Futterlocken nach hinten seitlich flach an Laika vorbei, während sie liegt.

2 Sie folgt mit dem Kopf? C&B.

3 Sie legt sich auf die Seite, wenn Sie etwas verzögern, ein längeres Verfolgen verlangen? Auch dafür C&B.

4 Laika steht auf oder dreht sich um? Ignorieren, von vorn beginnen!

... rollt über den Rücken ...

... und dreht sich ganz herum. C&B!

5 Wenn Laika einmal auf dem Rücken liegt, C&Jackpot, Freude, Spiel.
6 Nach einer Pause beginnen sie erneut. Nach dem fünften Mal sollten Sie das Futter in der Hand weglassen.
7 Stehen Sie allmählich auf, behalten Sie die Handbewegung aber noch bei.
8 Nehmen Sie die Handbewegung allmählich zurück.
9 Gehen Sie dann auf 2:1 und auf anderen Untergrund als bisher.
10 Gehen Sie auf variable Bestärkung über.
11 Ersetzen Sie das Handsignal durch ein Wortsignal, zum Beispiel »Rolle«.

Ein Hund und ein Karton – Kreativitätstraining

Ronja soll selbst überlegen, was sie mit dem Karton anstellen kann: Kopf drauf legen, ...

... mit der Pfote berühren, ...

Kreativität!

Ihr Hund soll lernen, dass er aktiv sein soll, dass er etwas ausprobieren darf und dass sich das lohnt. Das motiviert für späteres Training und ist ein gutes Fundament für viele andere Übungen.

1 Nehmen Sie sich einen Karton, der zur Größe Ihres Tommi passt, stellen ihn in die Mitte des Wohnzimmers oder auf ihre Übungswiese und legen ein Leckerle darauf. Was geschieht? Tommi geht hin und frisst es. Aber Sie haben genau geschaut und kurz davor mit einem Click reagiert. Nun wendet er Ihnen den Kopf zu, nichts geschieht. Er wendet den Kopf nochmals zum Karton? C&B! Das Leckerle werfen Sie in Tommis Richtung. Er soll gar nicht zu Ihnen kommen. Er soll sich dem Karton wieder zuwenden.

2 Jetzt ist die erste Änderung Thema. Sie müssen noch kein Ziel vor Augen haben. Tommi soll nur etwas anderes tun als bisher. Hat er den Kopf zum Karton gewendet, bestärken Sie, dass er näher herangeht.

3 Nun geht Tommi zum Karton, C&B. Das Leckerle werfen

... hineinschauen, ...

... und sich reinsetzten. C&Jackpott!

Sie weit genug neben den Karton, damit er erneut zu ihm hingehen kann.

4 Die nächste Änderung: Tommi, tu etwas mit dem Karton. Leg eine Pfote darauf, stoss ihn mit der Schnauze an. Egal, was – es muss etwas anderes sein als bisher. Das macht es Ihnen sehr einfach. Hat Tommi fünf- , sechsmal die Pfote auf den Karton gelegt, gibt es wieder nichts mehr. Wenn er zögert, zeigen Sie durch Ihre ganze Haltung, dass Sie noch weitermachen möchten.

5 Irgendeine Veränderung wird er ausführen. Und so setzen Sie dieses Spiel fort, bis Tommi alles mit dem Karton angestellt hat, was man sich vorstellen kann. Er kann ihn wegschieben, den Kopf hineinstecken, die Vorderbeine hineinstellen, die Hinterbeine hineinstellen, ganz hineinhüpfen, den Karton tragen, den Karton schleudern ... Natürlich nicht alles beim ersten Mal!

6 Sie erleichtern Ihrem Hund die Übung, wenn Sie ihn nicht mit Ihrer Erwartungshaltung erdrücken. Beobachten Sie ihn nur unauffällig, währen Sie sich irgendwie anderweitig beschäftigen.

Adressen und Bücher

Nützliche Adressen

Verband für das deutsche Hundewesen e.V. (VDH)
Westfalendamm 174
D-44141 Dortmund
Tel. 02 31 / 5 65 00-00

Österreichischer Kynologenverband (ÖKV)
Johann-Teufel-Gasse 8
A-1238 Wien
Tel. 01 / 8 88 70 92

Schweizerische Kynologische Gesellschaft (SKG)
Postfach 8217
CH-3001 Bern
Tel. 0 31 / 3 01 58 19

ClickerTraining im Internet

www.clicker.de
www.clicker.ch
www.yorkie.ch/clicker/index.html
www.spass-mit-hund.de
www.clickerreiter.de

Zum Weiterlesen

Coren, Stanley: Die Geheimnisse der Hundesprache. Stuttgart 2002

Coren, Stanley: Die Intelligenz der Hunde. Hamburg 1997

Donaldson, Jean: Hunde sind anders. Stuttgart 2002

Feddersen-Petersen, Dr. Dorit: Hundepsychologie. Stuttgart 2003

Feddersen-Petersen, Dr. Dorit: Grundlagen einer tierschutzgerechten Ausbildung von Hunden. VDH, Dortmund 1999

Feddersen-Petersen, Dr. Dorit: Hunde und ihre Menschen. Stuttgart 2001

Feltmann-v. Schroeder, Gudrun: Die Kunst mit dem Hund zu reden. Stuttgart 2003

Führmann, Petra & Nicole Hoefs: Hundeerziehung für unterwegs. Stuttgart 2003

Führmann, Petra & Nicole Hoefs: Das Kosmos Erziehungs-Programm für Hunde. Stuttgart 1999

Führmann, Petra & Nicole Hoefs: Erziehungsspiele für Hunde. Stuttgart 2002

Harries, Brigitte: Hundesprache verstehen. Stuttgart 2002

Jones, Renate: Welpenschule leicht gemacht. Stuttgart 2002

Kejcz, Yvonne: So sag ich's meinem Hund. Stuttgart 2003

Lind, Ekard: Mensch-Hund-Harmonie. Stuttgart 2003

Pietralla, Martin: Clickertraining für Hunde. Stuttgart 2000

Pietralla, Martin & Dr. Barbara Schöning: Clickertraining für Welpen. Stuttgart 2002

Pryor, Karen: Positiv bestärken, sanft erziehen. Stuttgart 1999

Schöning, Dr. Barbara: Hundeverhalten. Stuttgart 2001

Theby, Viviane: Hundeschule. Stuttgart 2002

Winkler, Sabine: So lernt mein Hund. Stuttgart 2001

Wright, John C.: Wenn Hunde machen was sie wollen. Stuttgart 2001

Register

Impressum

Umschlaggestaltung von eStudio Calamar unter Verwendung zweier Farbfotos von Christof Salata/Kosmos.

Mit 79 Farbfotos.

Bibliografische Information der Deutschen Bibliothek
Die Deutsche Bibliothek verzeichnet diese Publikation in der Deutschen Nationalbibliografie: detaillierte bibliografische Daten sind im Internet über http://dnb.ddb.de abrufbar.

Gedruckt auf chlorfrei gebleichtem Papier

Genehmigte Lizenzausgabe der Verlagsgruppe Weltbild GmbH, 86167 Augsburg

Redaktion: Claudia Salata
Gestaltungskonzept: eStudio Calamar
Printed in the Czech Republic / Imprimé en République Tchèque

Bildnachweis
Alle Fotos in diesem Buch stammen von Christof Salata/Kosmos.

Notizen